ドリルをはじめるみんなへ

このドリルでは、マインクラフトのなか間たちと
いっしょに、アルファベットやローマ字にチャレ
ンジするよ。

もしかしたら、むずかしいと思っているかもしれ
ないね。でも、大じょうぶ！

このドリルに取り組めば、まるでゲームで遊ぶみ
たいに楽しくアルファベットとローマ字を学べる
よ。

ドリルを進めていくうちに、きっとアルファベッ
トやローマ字がすきになるよ。

さあ、さっそくドリルに
取り組んでいこう！

本書は、制作時点での情報をもとに作成しています。本書発売後、「Minecraft」の内容は予告なく変
Minecraft 公式の書籍ではありません。Minecraft のブランドガイドラインに基づき、企画・出版したもので
Notch 氏は本書に関してまったく責任はありません。本書の発行を可能とした Microsoft 社、Mojang 社、

JN040169

もくじ

このドリルの使い方

おうちの人といっしょに読みましょう。

ドリルの進め方

基本の問題
↓
まとめのミニテスト

を繰り返します。
↓
最後に
まとめのテストをします。

① 勉強した日付を書きましょう。

② 問題の単元を表しています。

③ 答えは □ や（　）内に書きましょう。線つなぎや迷路は、線を引きましょう。

④ 表と裏の問題が終わったら、答えのページを見て答え合わせをしましょう。問題文の右下にある点数を数えて、合計点（100点満点）を書きましょう。

⑤ 表と裏の問題が終わって、点数をつけたら、最後にやったねシールを貼りましょう。

アルファベットをおぼえよう！

スティーブとアレックスは、アルファベットが書かれた26まいの□（絵）を見つけました。それぞれの文字を読んでみましょう。

エイ **Aa** ビー **Bb** スィー **Cc** ディー **Dd** イー **Ee**

エフ **Ff** チー **Gg** エイチ **Hh** アイ **Ii** チェイ **Jj**

ケイ **Kk** エル **Ll** エム **Mm** エン **Nn** オウ **Oo**

ピー **Pp** キュー **Qq** アー **Rr** エス **Ss** ティー **Tt**

ユー **Uu** ヴィー **Vv** ダブリュー **Ww** エクス **Xx** ワイ **Yy**

ズィー **Zz**

アルファベットって何だろう？

スティーブ
STEVE
〔スティーブ〕

次のページを見てみよう！

アレックス
ALEX
〔アレックス〕

◆アルファベットについて

　アルファベットとは、えい語やローマ字で使われる文字のことです。大文字（A〜Z）と小文字（a〜z）がそれぞれ26しゅるいあります。

ゾンビ
ZOMBIE
（ザムビィ）

読み方
（太字のところを強く読みます。）

エイ

大文字 —— Aa —— 小文字

クリーパー
CREEPER
（クリーパー）

◆アルファベットの書き方について

　大文字は、￼の中の4本の線のうち、上から1本目と3本目の線の間に書きます。小文字は、文字によって書くいちがちがいます。上から2本目と3本目の間に書くもの、1本目と3本目の間に書くもの、2本目と4本目の間に書くものなど、さまざまです。

大文字 [B]

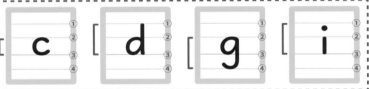

小文字 [c] [d] [g] [i]

◆アルファベットの書きじゅんについて

　アルファベットの書きじゅんには、決まったものがありません。正しい形で書くことができれば、あまり気にしなくてもいいでしょう。

オウム
PARROT
（パロト）

スニッファー
SNIFFER
（スニッファー）

◆アルファベットの文字の形について

　アルファベットの文字の形には、本などのいんさつに使われる「活字体」と、書くときに使われる「ブロック体」などがあります。このドリルでは、右下のようなブロック体を使用しています。

活字体 ABC abc

ブロック体 ABC abc

A・B・C・Dの練習

やったね
シールを
はろう

月　日

点

1 声に出して読みながら、うすい文字をなぞった後、つづけて4回同じように書きましょう。

40点（1行10点）

アレックス

●から書き始めましょう。

エイ

A　A　A

アプル
APPLE

リンゴ

ビー

B　B　B

バット
BAT

コウモリ

スィー

C　C　C

カウ
COW

ウシ

ディー

D　D　D

ダルフィン
DOLPHIN

イルカ

2 スティーブが村人のいるゴールまで行きます。アルファベットのじゅんに、A → B → C → D を2回くり返して、線を引きながらゴールまで進みましょう。

30点

★ななめには進めません。同じ道も通れません。

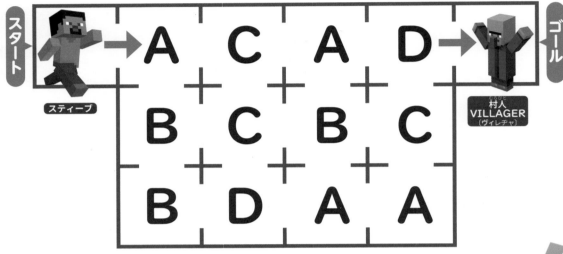

3 アレックスがA〜Dまでのアルファベットを正しいじゅんに進んで生き物と会えるのは、㋐〜㋒のどれですか。

30点

アレックス

㋐ 　A → B → D → C → 　ヒツジ SHEEP［シープ］

㋑ 　A → B → C → D → 　オウム PARROT［パロト］

㋒ 　A → C → D → B → 　ネコ CAT［キャット］

（　　　　　）

E•F•Gの練習

スティーブ

1 声に出して読みながら、うすい文字をなぞった後、
つづけて4回同じように書きましょう。

30点(1行10点)

イー

目

エフ

フェイス
FACE

顔

チー

グラス
GLASS

ガラス

ここまでで、
A～Gを
おぼえたかな?

A B C D E F G

2 スティーブが ▭ の間にいるモンスターをたおしながら、アレックスのいるゴールまで進みます。E ～ G がアルファベットのじゅんになるように、▭ に1つずつ大文字を書きましょう。

35点

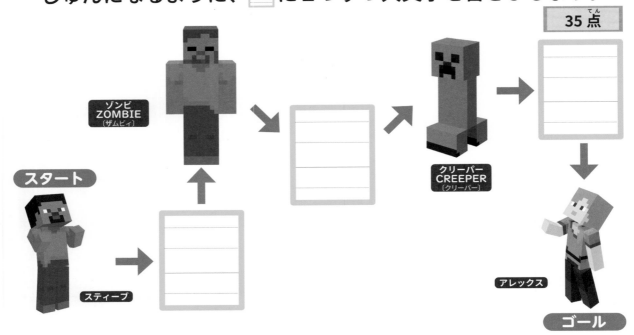

ゾンビ
ZOMBIE
〔ザムビィ〕

スタート

スティーブ

クリーパー
CREEPER
〔クリーパー〕

アレックス

ゴール

3 黒よう石に E ～ G までが書かれています。正しいアルファベットのじゅんに3回くり返してならんでいるのは、㋐～㋒のどれですか。

35点

㋐ E F G E F G E G F

黒よう石
OBSIDIAN
〔オブスィディアン〕

㋑ E F G E F E E F G

㋒ E F G E F G E F G

(　　)

8

H・I・J・Kの練習

やったね
シールを
はろう

1 声に出して読みながら、うすい文字をなぞった後、つづけて4回同じように書きましょう。

40点（1行10点）

アレックス

エイチ

ヘルメット
HELMET

ヘルメット

アイ

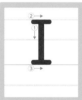

アイス
ICE

氷

チェイ

ジャングル
JUNGLE

ジャングル

ケイ

キー
KEY

かぎ

2 ほう石が入ったチェストに H ～ K が書かれています。㋐～㋓のチェストを正しいアルファベットのじゅんにならびかえましょう。

30点

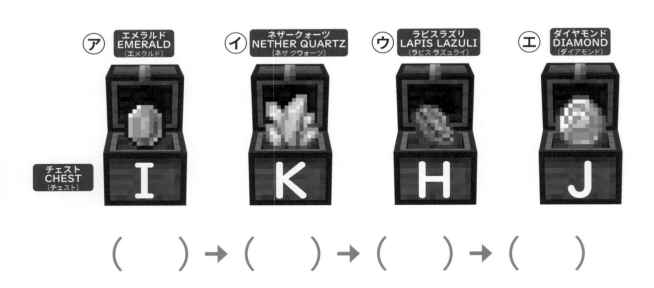

(　) ➡ (　) ➡ (　) ➡ (　)

3 H ～ K までのアルファベットが正しいじゅんになるように、トロッコの空いている □ に1つずつ大文字を書きましょう。2列目まで2回くり返します。

30点

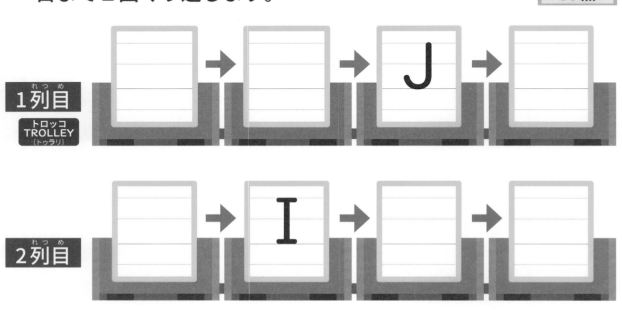

L・M・Nの練習

1 声に出して読みながら、うすい文字をなぞった後、
つづけて4回同じように書きましょう。

30点（1行10点）

スティーブ

エル

L

ラマ
LLAMA

ラマ

エム

M

マウス
MOUSE

ネズミ

エン

N

ネイム タッグ
NAME TAG

名ふだ

A〜Nまでは
バッチリだね！

A B C D E F G

H I J K L M N

2 スティーブがカボチャのあるゴールまで行（い）きます。アルファベットのじゅんに、L→M→Nを3回（かい）くり返（かえ）して、線（せん）を引（ひ）きながらゴールまで進（すす）みましょう。

35点（てん）

★同（おな）じ道（みち）は通（とお）れません。

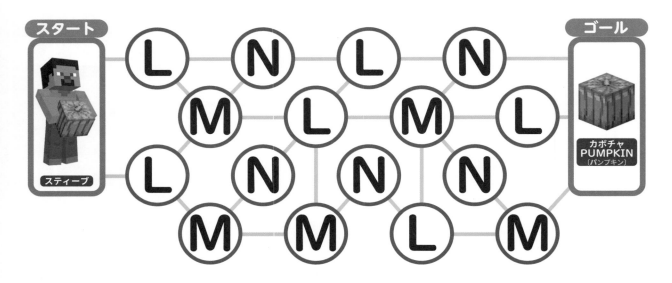

3 L〜Nまでのアルファベットが正（ただ）しくならんでいる列（れつ）をえらんで、空（あ）いている ▢ に1つずつ大文字（おおもじ）を書（か）きましょう。

35点（てん）

1列目（れつめ）

2列目（れつめ）

どちらかの列（れつ）だけをえらんで2つの大文字（おおもじ）を書（か）くよ！

O･P･Q･Rの練習

やったね
シールを
はろう

アレックス

1 声に出して読みながら、うすい文字をなぞった後、
つづけて4回同じように書きましょう。

40点(1行10点)

オウ

O O O ･

オーレンヂ
ORANGE

オレンジ

ピー

P P P ･

ピッグ
PIG

ブタ

キュー

Q Q Q ･

クウィーン
QUEEN

女王

アー

R R R ･

ラビト
RABBIT

ウサギ

2 ブロックに **O～R** までが書かれています。アルファベットが正しくならぶように、㋐～㋓と㋔～㋗のグループから、それぞれ1つずつえらびましょう。

30点

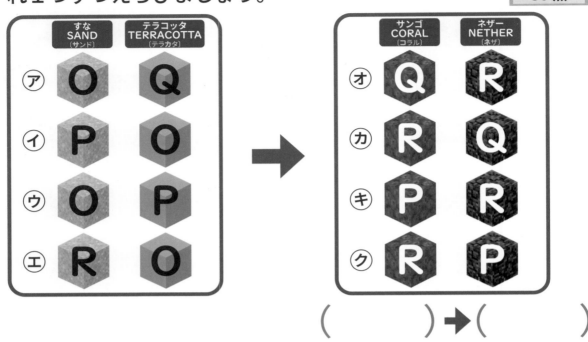

(　　　)➜(　　　)

3 **O～R** までのアルファベットが正しいじゅんになるように、空いている □ に1つずつ大文字を書きましょう。3列目まで3回くり返します。

30点

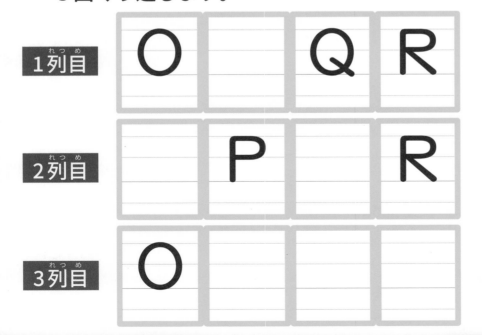

1列目	O		Q	R
2列目		P		R
3列目	O			

左から右へ書いていこう！

アレックス

S・T・U・Vの練習

やったね
シールを
はろう

1 声に出して読みながら、うすい文字をなぞった後、つづけて4回同じように書きましょう。

40点（1行10点）

スティーブ

エス

S

シュガァ
SUGAR

さとう

ティー

T

スィータートゥル
SEA TURTLE

ウミガメ

ユー

U

アンブレラ
UMBRELLA

かさ

ヴィー

V

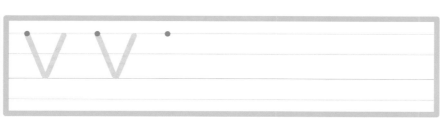

ヴァイン
VINE

つた

2 スティーブが □ の間にいる魚をつりながら、バケツのあるゴールまで進みます。S～Vがアルファベットのじゅんになるように、□ に1つずつ大文字を書きましょう。

30点

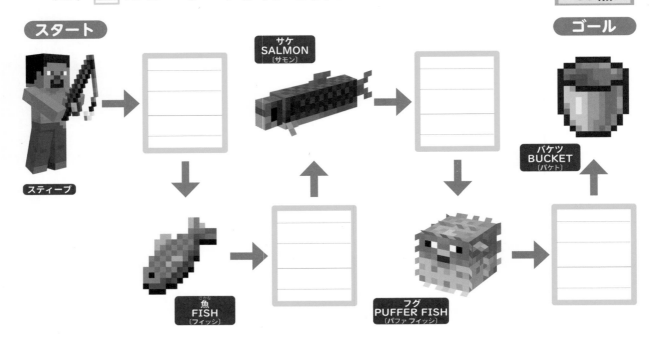

スタート

サケ
SALMON
〔サモン〕

ゴール

バケツ
BUCKET
〔バケト〕

スティーブ

魚
FISH
〔フィッシ〕

フグ
PUFFER FISH
〔パファ フィッシ〕

3 ボートに乗ったスティーブが、S～Vまでのアルファベットをじゅんに進みます。正しいじゅんに2回くり返して進めたのは、㋐～㋒のどれですか。

30点

ボート
BOAT
〔ボウト〕

㋐ S➡T➡U➡V➡S➡T➡V➡U

㋑ S➡T➡V➡U➡S➡T➡V➡U

㋒ S➡T➡U➡V➡S➡T➡U➡V

(　　　)

W・X・Y・Zの練習

やったね
シールを
はろう

1 声に出して読みながら、うすい文字をなぞった後、
つづけて4回同じように書きましょう。

40点（1行10点）

アレックス

ダブリュー

ウルフ
WOLF

オオカミ

エクス

ファックス
FOX

キツネ

ワイ

イェロウ ダイ
YELLOW DYE

黄色のせんりょう

ズィー

ズィーブラ
ZEBRA

シマウマ

2 植木ばちに **W〜Z** が書かれています。 ㋐〜㋓の植木ばちを正しいアルファベットのじゅんにならびかえましょう。

30点

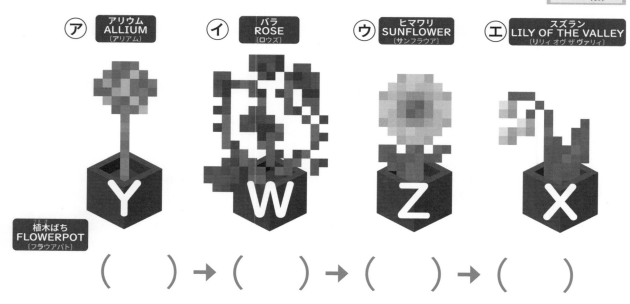

㋐ ALLIUM アリウム〔アリアム〕
㋑ ROSE バラ〔ロウズ〕
㋒ SUNFLOWER ヒマワリ〔サンフラウア〕
㋓ LILY OF THE VALLEY スズラン〔リリィ オヴ ザ ヴァリィ〕

植木ばち FLOWERPOT〔フラウアパト〕

(　) → (　) → (　) → (　)

3 **W〜Z** までのアルファベットが正しくならんでいる列だけをえらんで、空いている ▭ に1つずつ大文字を書きましょう。

30点

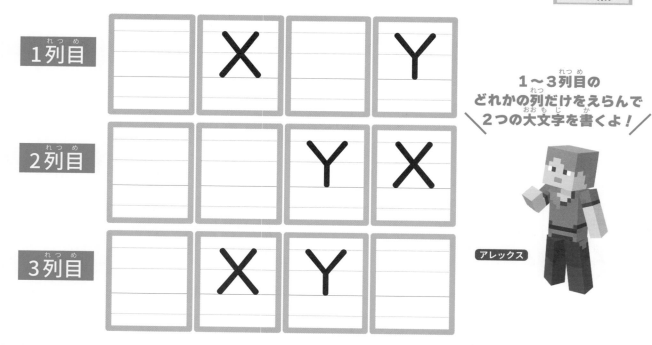

1列目 | | X | | Y
2列目 | | | Y | X
3列目 | | X | Y |

1〜3列目の
どれかの列だけをえらんで
2つの大文字を書くよ！

アレックス

やったね
シールを
はろう

5〜18 ページで学習したアルファベットをおさらいしましょう。

1 アレックスが、たから物をさがしに行きます。A 〜 Z までの
アルファベットを正しいじゅんに集めて、線を引きながらゴー
ルまで進みましょう。

50 点

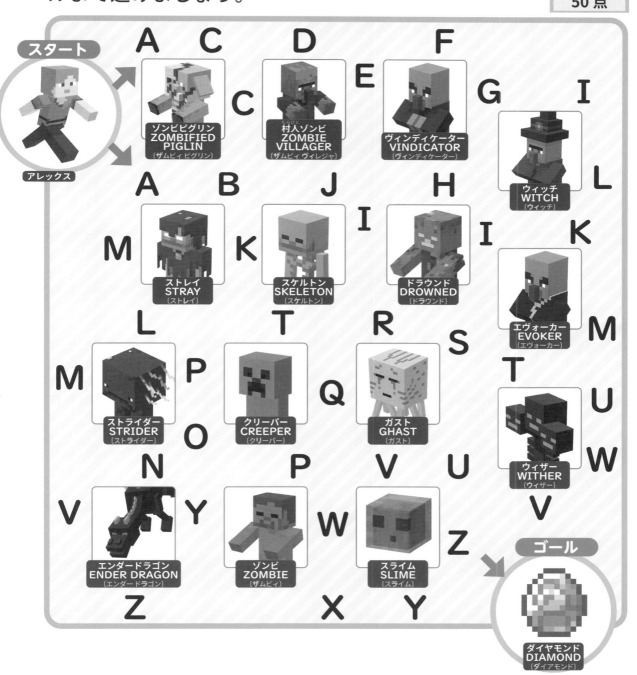

A～Zまでのアルファベットが正しいじゅんになるように、スティーブが進みます。じゅん番に合う大文字だけをえらんで、〇をつけてゴールまで行きましょう。

50点

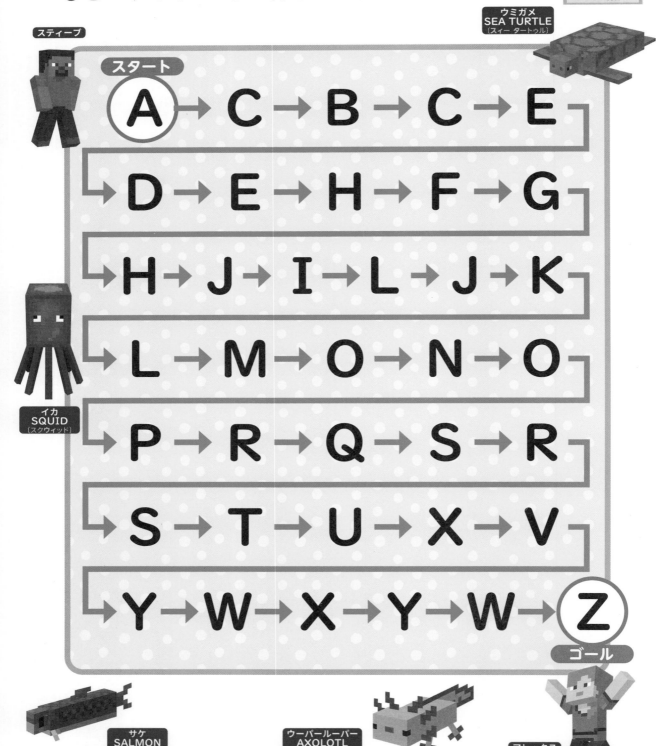

ウミガメ
SEA TURTLE
（スィー タートゥル）

スティーブ

スタート

A → C → B → C → E

D → E → H → F → G

H → J → I → L → J → K

L → M → O → N → O

イカ
SQUID
（スクウィッド）

P → R → Q → S → R

S → T → U → X → V

Y → W → X → Y → W → Z

ゴール

サケ
SALMON
（サモン）

ウーパールーパー
AXOLOTL
（アクサラトゥル）

アレックス

アルファベット小文字
a b c d

a・b・c・dの練習

月　日
点

やったね
シールを
はろう

1 声に出して読みながら、うすい文字をなぞった後、
つづけて4回同じように書きましょう。

40点（1行10点）

アレックス

エイ

a

アント
ant

アリ

ビー

b

ブック
book

本

スィー

c

キャンドゥル
candle

ろうそく

ディー

d

ドーア
door

ドア

2 羊毛に a ～ d までが書かれています。正しいアルファベットの
じゅんに2回くり返してならんでいるのは、㋐～㋒のどれです
か。

30点

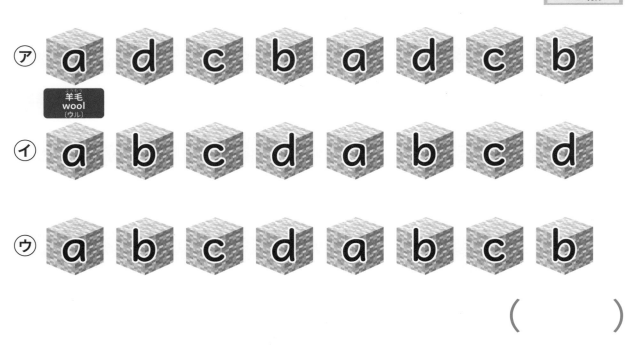

㋐ a d c b a d c b

羊毛
wool
〔ウル〕

㋑ a b c d a b c d

㋒ a b c d a b c b

(   )

3 a ～ d までのアルファベットが正しいじゅんになるように、ト
ロッコの空いている ▢ に1つずつ小文字を書きましょう。2列
目まで2回くり返します。

30点

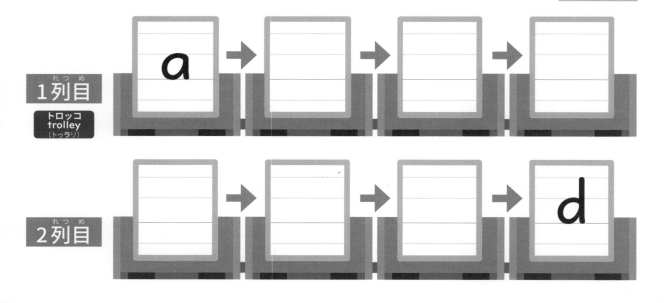

1列目 　a → ▢ → ▢ → ▢

トロッコ
trolley
〔トゥラリ〕

2列目 　▢ → ▢ → ▢ → d

e・f・gの練習

やったね
シールを
はろう

1 声に出して読みながら、うすい文字をなぞった後、
つづけて4回同じように書きましょう。

30点（1行10点）

スティーブ

イー

e

エッグ
e**gg**

たまご

エフ

f

フィッシュ
fish

魚

チー

g

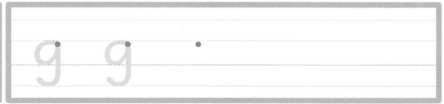

ゴウルド インゴト
gold ingot

金のインゴット

a～gを
おぼえたね！

a b c d e f g

2 スティーブがロバのいるゴールまで行きます。アルファベットのじゅんに、e → f → g を 4 回くり返して、線を引きながらゴールまで進みましょう。

35点

★ななめには進めません。同じ道も通れません。

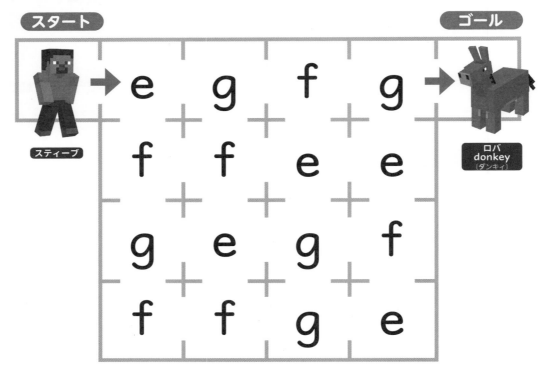

3 e ～ g までのアルファベットが正しいじゅんにならんでいる列をえらんで、空いている ▭ に 1 つずつ小文字を書きましょう。

35点

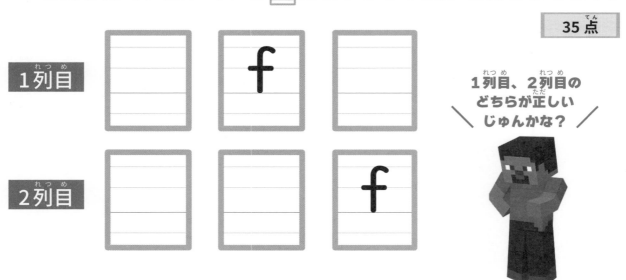

やったね
シールを
はろう

月　日

点

1 声に出して読みながら、うすい文字をなぞった後、つづけて4回同じように書きましょう。

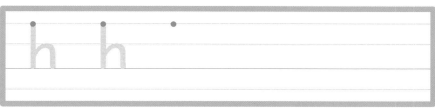

40点（1行10点）

アレックス

エイチ

h

ハット
hat

ぼうし

アイ

i

アイアン　インゴト
iron ingot

鉄のインゴット

チェイ

j

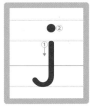

ヂャケト
jacket

上着

ケイ

k

パンプキン
pumpkin

カボチャ

2 h〜kまでのアルファベットが正しいじゅんになるように、空いている □ に1つずつ小文字を書きましょう。3列目まで3回くり返します。

30点

1列目		i	

左から右へ
書いていこう！

2列目			k

3列目	h		

ウォーデン
Warden
〔ウォーデン〕

3 ウマに乗ったアレックスが、h〜kまでのアルファベットをじゅんに進みます。正しいじゅんに2回くり返して進めたのは、㋐〜㋒のどれですか。

アレックス

30点

㋐ h ➡ i ➡ j ➡ i ➡ h ➡ i ➡ j ➡ k

ウマ
horse
〔ホース〕

㋑ h ➡ i ➡ j ➡ k ➡ h ➡ i ➡ j ➡ k

㋒ h ➡ j ➡ i ➡ k ➡ h ➡ j ➡ i ➡ k

（　　　）

l・m・nの練習

やったね
シールを
はろう

1 声に出して読みながら、うすい文字をなぞった後、
つづけて4回同じように書きましょう。

30点（1行10点）

スティーブ

エル

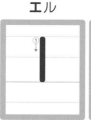

ランタン
lantern

ランタン

エム

マップ
map

地図

エン

ノウトゥブク
notebook

ノート

ここまでで、
a〜nを
おぼえたかな？

a b c d e f g

h i j k l m n

2 l〜n までのアルファベットが正しいじゅんになるように、トロッコの空いている □ に1つずつ小文字を書きましょう。3回くり返します。

35点

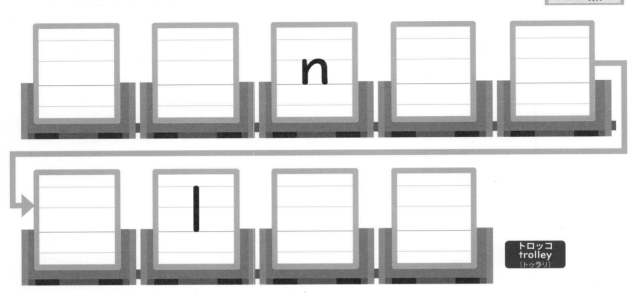

トロッコ
trolley
[トゥラリ]

3 スティーブが □ の間にあるぼう具を取りながら、村人のいるゴールまで進みます。l〜n がアルファベットのじゅんになるように、□ に1つずつ小文字を書きましょう。

35点

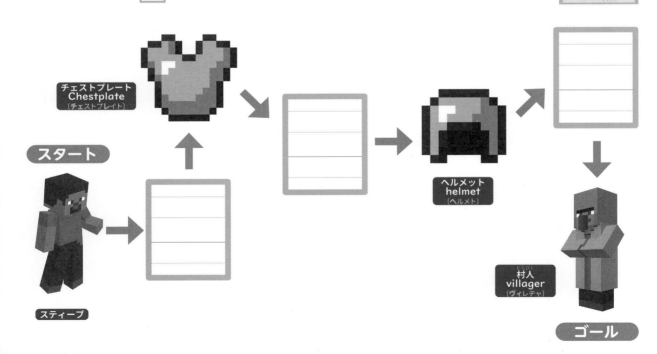

チェストプレート
Chestplate
[チェストプレイト]

スタート

スティーブ

ヘルメット
helmet
[ヘルメト]

村人
villager
[ヴィレチャ]

ゴール

13

o・p・q・rの練習

やったね
シールを
はろう

1 声に出して読みながら、うすい文字をなぞった後、つづけて4回同じように書きましょう。

40点（1行10点）

アレックス

オウ

o

ホゥ
hoe

クワ

ピー

p

ペン
pen

ペン

キュー

q

スクウィッド
squid

イカ

アー

r

ロウズ
rose

バラ

2 アレックスが、リンゴのあるゴールまで行きます。アルファベットのじゅんに、o→p→q→rを2回くり返して、線を引きながらゴールまで進みましょう。

30点

★同じ道は通れません。

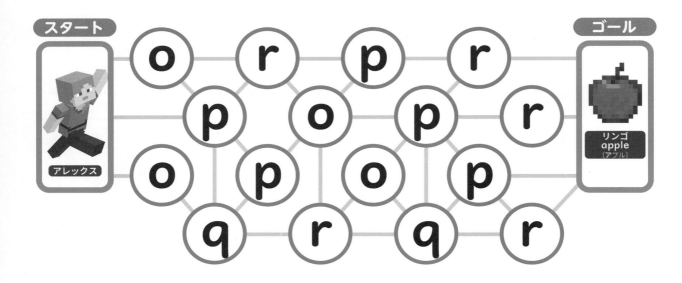

3 o〜rが書かれた㋐〜㋓の紙を、正しいアルファベットのじゅんにならびかえましょう。

30点

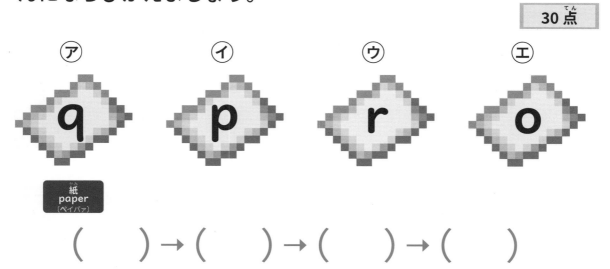

(　) → (　) → (　) → (　)

s・t・u・vの練習

1 声に出して読みながら、うすい文字をなぞった後、
つづけて4回同じように書きましょう。

40点(1行10点)

スティーブ

エス

スパイダァ
spider

クモ

ティー

 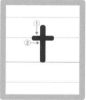 

タドゥポウル
tadpole

オタマジャクシ

ユー

ハウス
house

家

ヴィー

 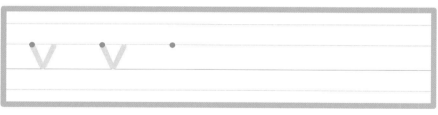

ヴィレヂァ
villager

村人

2 スティーブが ☐ の間にある肉を取りながら、かまどのあるゴールまで進みます。s 〜 v がアルファベットのじゅんになるように、☐ に1文字ずつ小文字を書きましょう。

30点

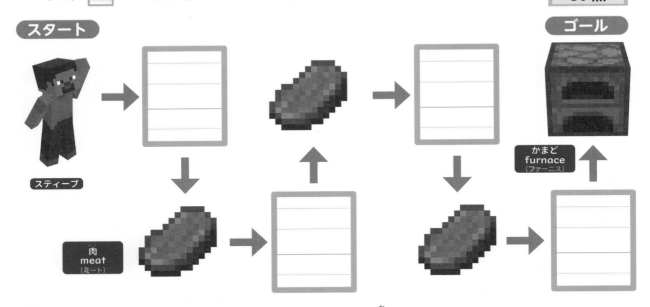

スタート
ゴール
スティーブ
肉
meat
〔ミート〕
かまど
furnace
〔ファーニス〕

3 トロッコとボートに s 〜 v までが書かれています。アルファベットが正しくならぶように、㋐〜㋓と㋔〜㋗のグループから、それぞれ1つずつえらびましょう。

30点

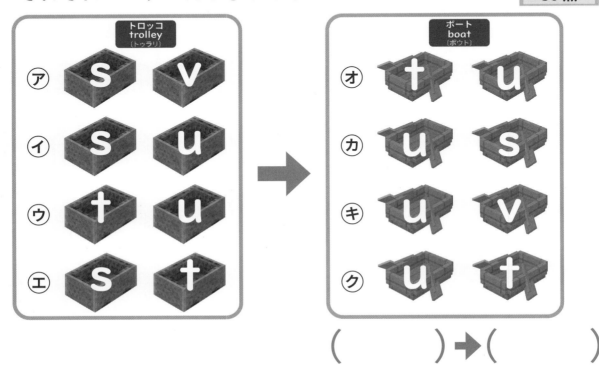

トロッコ
trolley
〔トゥラリ〕

㋐ s v
㋑ s u
㋒ t u
㋓ s t

ボート
boat
〔ボウト〕

㋔ t u
㋕ u s
㋖ u v
㋗ u t

(　　　) ➡ (　　　)

w・x・y・z の練習

やったね
シールを
はろう

月　日

点

アレックス

1 声に出して読みながら、うすい文字をなぞった後、
つづけて 4 回同じように書きましょう。

40点（1行10点）

ダブリュー

ウッド
wood

木

エクス

スィックス
six

六

ワイ

ヤット
yacht

ヨット

ズィー

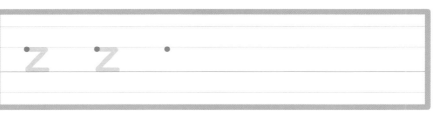

ザムビィ
zombie

ゾンビ

2 トロッコに乗ったアレックスが、w〜zまでのアルファベットをじゅんに進みます。正しいじゅんに2回くり返して進めたのは、㋐〜㋒のどれですか。

アレックス

トロッコ
trolley
〔トゥラリ〕

30点

㋐ **w ➡ x ➡ y ➡ z ➡ w ➡ y ➡ z ➡ x**

㋑ **w ➡ x ➡ y ➡ z ➡ w ➡ x ➡ y ➡ z**

㋒ **w ➡ x ➡ y ➡ z ➡ w ➡ x ➡ z ➡ y**

（　　　　）

3 w〜zまでのアルファベットが正しいじゅんにならぶように、空いている ▱ に1つずつ小文字を書きましょう。3列目まで3回くり返します。

30点

1列目 | | x | | |
2列目 | | | y | |
3列目 | | | | z |

左から右へ
書こう！

アイアンゴーレム
Iron Golem
〔アイアン ゴーレム〕

16 まとめのミニテスト

月（がつ）　日（にち）　点（てん）

やったね
シールを
はろう

21〜34 ページで学習（がくしゅう）したアルファベットをおさらいしましょう。

1　スティーブが、オノをさがしに行（い）きます。a 〜 z までのアルファ
ベットを正（ただ）しいじゅんに集（あつ）めて、線（せん）を引（ひ）きながらゴールまで進（すす）
みましょう。

50点（てん）

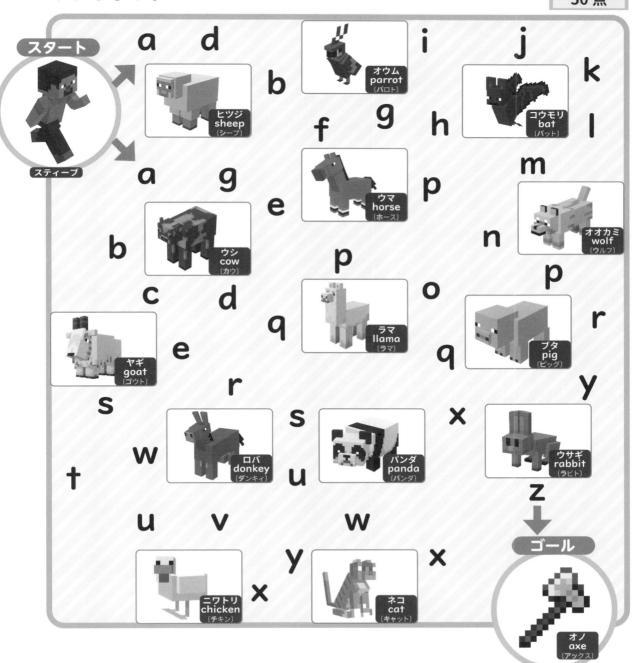

スタート
スティーブ

ゴール
オノ
axe
〔アックス〕

② a～z までのアルファベットが正しいじゅんになるように、ア
レックスが進みます。じゅん番に合う小文字だけをえらんで、
〇をつけてゴールまで行きましょう。

50点

アレックス
スタート

エンダードラゴン
Ender Dragon
〔エンダードラゴン〕

Ⓐ → b → d → e → c

f → d → e → h → f

エンダーマン
Enderman
〔エンダーマン〕

h → g → i → j → h

i → k → j → l → m

ウィザー
Wither
〔ウィザー〕

k → l → n → m → n

o → q → p → s → q

r → t → v → u → s

t → v → u → v → x

ストライダー
Strider
〔ストライダー〕

w → x → z → y → Ⓩ

ゴール

スティーブ

ローマ字をおぼえよう！①

ローマ字は、日本語の50音をアルファベットで表したものです。
それぞれのローマ字を「あ行」から見てみましょう。

※★のついたローマ字は他の表し方もあります。38ページを見ましょう。

	a	i	u	e	o
	あ a	い i	う u	え e	お o
k	か ka	き ki	く ku	け ke	こ ko
s	さ sa	し shi ★	す su	せ se	そ so
t	た ta	ち chi ★	つ tsu ★	て te	と to
n	な na	に ni	ぬ nu	ね ne	の no
h	は ha	ひ hi	ふ fu ★	へ he	ほ ho
m	ま ma	み mi	む mu	め me	も mo
y	や ya		ゆ yu		よ yo
r	ら ra	り ri	る ru	れ re	ろ ro
w	わ wa				を o ★
	ん n				

ローマ字は、2つの文字でできているものが多いね！

スティーブ
アレックス

紙 paper 〔ペイパァ〕

37

	a	i	u	e	o
g	が ga	ぎ gi	ぐ gu	げ ge	ご go
z	ざ za	じ ji	★ず zu	ぜ ze	ぞ zo
d	だ da	ぢ ji	★づ zu	★で de	ど do
b	ば ba	び bi	ぶ bu	べ be	ぼ bo
p	ぱ pa	ぴ pi	ぷ pu	ぺ pe	ぽ po

紙
paper
〔ペイパァ〕

◆ローマ字について

　あ行（あいうえお）は、1文字で **a,i,u,e,o** と書きます。それい外の行は、他の文字（**k** など）と **a,i,u,e,o** を組み合わせて2文字い上で書きます。また、このドリルでは「ん」はすべて「**n**」で表していますが、**b,p,m** の前では「**tombo**（とんぼ）」のように、「**m**」で表すこともあります。

◆表し方が2つ以上ある場合について

　37〜38 ページで★がついているローマ字は、他の表し方をすることもあります。

ブタ
pig
〔ピッグ〕

	この本の表し方	他の表し方		この本の表し方	他の表し方
し	shi	si	じ	ji	zi
ち	chi	ti	ぢ	ji	di,zi
つ	tsu	tu	づ	zu	du
ふ	fu	hu	を	o	wo

ニワトリ
chicken
〔チキン〕

あ行・か行・さ行の練習

やったね
シールを
はろう

ゾンビ
Zombie
〔ザムビィ〕

1 上のだんのうすいローマ字をなぞった後、下に同じように書きましょう。

30点（1行10点）

あ	い	う	え	お
a	i	u	e	o

か	き	く	け	こ
ka	ki	ku	ke	ko

さ	し	す	せ	そ
sa	shi	su	se	so

ishi  石 stone 〔ストウン〕

kusa    草 grass 〔グラス〕

② 左の絵を表すローマ字を右からさがして、線でむすびましょう。

40点

・

・ **kao**

・

・ **ie**

・

・ **sake**

③ ＿＿の言葉をローマ字で書きましょう。

30点(1つ10点)

①イカを見つける。

②植木ばちで育てる。

③スイカを食べる。

た行・な行・は行の練習

やったね
シールを
はろう

クリーパー
Creeper
〔クリーパー〕

1 上のだんのうすいローマ字をなぞった後、下に同じように書きましょう。

30点（1行10点）

た	ち	つ	て	と
ta	chi	tsu	te	to

な	に	ぬ	ね	の
na	ni	nu	ne	no

は	ひ	ふ	へ	ほ
ha	hi	fu	he	ho

neko  ネコ
cat
〔キャット〕

hane   羽
feather
〔フェザァ〕

2 アレックスが見つけた㋐～㋒の言葉を表すローマ字をタテかヨコからさがして、⬭でかこみましょう。

40点
40点

〈れい〉鉄

㋐くつ

㋑花

㋒服

アレックス

u	t	e	t	e	t
h	e	f	u	k	u
a	t	u	k	t	a
n	s	k	u	e	n
a	u	a	e	t	a
k	u	t	s	u	f

〈れい〉

3 ___の言葉をローマ字で書きましょう。

30点（1つ10点）

①畑でしゅうかくする。

畑
field
〔フィールド〕

②かまどで肉をやく。

肉
meat
〔ミート〕

③タテで身を守る。

タテ
shield
〔シールド〕

ま行・や行・ら行の練習

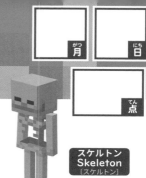

スケルトン
Skeleton
〔スケルトン〕

やったね
シールを
はろう

月	日

点

1 上のだんのうすいローマ字をなぞった後、下に同じように書きましょう。

30点（1行10点）

ま	み	む	め	も
ma	mi	mu	me	mo

や		ゆ		よ
ya		yu		yo

ら	り	る	れ	ろ
ra	ri	ru	re	ro

uma

ウマ
horse
〔ホース〕

tara

タラ
cod
〔カド〕

2 □の中にアルファベットを書いて、左の絵の言葉をローマ字にしましょう。

28点（1つ14点）

① 弓矢 bow and arrow〔ボウ アンド アロウ〕

y u m [ ] y a

② よろい armor〔アーマァ〕

y o [ ] o i

何がかくされているかな？

スティーブ

3 ＿＿の言葉をローマ字で書きましょう。

42点（1つ14点）

① カカオの豆をとる。

カカオの豆 cocoa beans〔コウコウ ビーンズ〕

② 森には生き物がいっぱい。

オオカミ wolf〔ウルフ〕

③ 夜道ではたいまつを持つ。

たいまつ torch〔トーチ〕

44

わ行・が行・ざ行の練習

ブレイズ
Blaze
〔ブレイズ〕

やったね
シールを
はろう

1 上のだんのうすいローマ字をなぞった後、下に同じように書きましょう。

30点(1行10点)

わ			を	ん
wa			o	n

が	ぎ	ぐ	げ	ご
ga	gi	gu	ge	go

ざ	じ	ず	ぜ	ぞ
za	ji	zu	ze	zo

げんこつ
genkotsu
げんこつ
fist
〔フィスト〕

にんじん
ninjin
にんじん
carrot
〔キャロト〕

2 下の言葉を表すローマ字が正しいのは、㋐と㋑のどちらですか。

28点(1つ14点)

① ぐる ぐる

㋐ | g | u | r | u | g | u | r | u |

㋑ | g | u | r | a | g | u | r | a |

(　　　)

ゆっくり
読んでみよう！

② ざわ ざわ

㋐ | z | i | w | a | z | i | w | a |

㋑ | z | a | w | a | z | a | w | a |

(　　　)

アレックス

3 ＿＿の言葉をローマ字で書きましょう。

42点(1つ14点)

① ニワトリを見つける。

ニワトリ
chicken
〔チキン〕

② 五時に待ち合わせする。

スティーブ

③ 地面にさく花。

スズラン
lily of the valley
〔リリィ オヴ ザ ヴァリィ〕

だ行・ば行・ぱ行の練習

月　日

点

やったね
シールを
はろう

1 上のだんのうすいローマ字をなぞった後、下に同じように書きましょう。

30点（1行10点）

スライム
Slime
〔スライム〕

だ	ぢ	づ	で	ど
da	ji	zu	de	do

ば	び	ぶ	べ	ぼ
ba	bi	bu	be	bo

ぱ	ぴ	ぷ	ぺ	ぽ
pa	pi	pu	pe	po

denki

電気
electricity
〔イレクトゥリスィティ〕

panda

パンダ
panda
〔パンダ〕

2 左の言葉を表すローマ字を右からさがして、線でむすびましょう。

28点

ロバ •　　　　　　　　　• botan

ボタン •　　　　　　　　• garasubin

ぶる ぶる •　　　　　　• roba

ガラスびん •　　　　　• buru buru

3 ＿＿の言葉をローマ字で書きましょう。

42点（1つ14点）

うで
arm
〔アーム〕

① うでを上げる。

スティーブ

② エリトラで
空をとぶ。

とぶ
fly
〔フライ〕

③ かまどでやいたパン
を食べる。

パン
bread
〔ブレッド〕

48

まとめのミニテスト

やったね
シールを
はろう

39 ～ 48 ページで学習した問題をおさらいしましょう。

1 □ の中にアルファベットを書いて、左の絵の言葉をローマ字にしましょう。

20点（1つ10点）

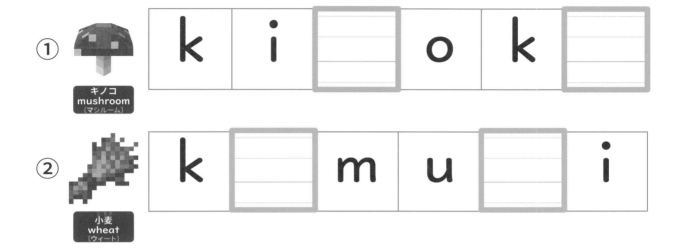

① キノコ
mushroom
（マシルーム）

k　i　□　o　k　□

② 小麦
wheat
（ウィート）

k　□　m　u　□　i

2 ＿＿＿ の言葉をローマ字で書きましょう。

30点（1つ10点）

① ジャングルの道を
歩く。

スティーブ

② つりをする。

つり
fishing
（フィシング）

③ やりでたたかう。

ヤリ
spear
（スピア）

3 アレックスが見つけた㋐〜㋒の言葉を表すローマ字をタテかヨコからさがして、◯でかこみましょう。　　　　**25点**

㋐イルカ
㋑ヤギ
㋒ヒツジ

アレックス

y	a	g	e	i	h
h	i	r	u	k	i
i	r	u	k	a	t
y	a	g	y	i	s
u	i	r	u	k	u
y	a	g	i	e	j
h	i	t	a	j	i

4 左のローマ字を表す言葉を右からさがして、線でむすびましょう。　　　　**25点**

murabito・　　　　・寺院

jiin・　　　　・バケツ

baketsu・　　　　・村人

50

ローマ字をおぼえよう！②

ここでは、「きゃ・きゅ・きょ」などの小さい「ゃ・ゅ・ょ」が入った音をローマ字にして、表にしています。ひとつずつ見てみましょう。

※★のついたローマ字は他の表し方もあります。52ページを見ましょう。

紙
paper
〔ペイパァ〕

	a	u	o
ky	きゃ kya	きゅ kyu	きょ kyo
sh	しゃ sha ★	しゅ shu ★	しょ sho ★
ch	ちゃ cha ★	ちゅ chu ★	ちょ cho ★
ny	にゃ nya	にゅ nyu	にょ nyo
hy	ひゃ hya	ひゅ hyu	ひょ hyo
my	みゃ mya	みゅ myu	みょ myo
ry	りゃ rya	りゅ ryu	りょ ryo
gy	ぎゃ gya	ぎゅ gyu	ぎょ gyo
j	じゃ ja ★	じゅ ju ★	じょ jo ★
j	ぢゃ ja ★	ぢゅ ju ★	ぢょ jo ★
by	びゃ bya	びゅ byu	びょ byo
py	ぴゃ pya	ぴゅ pyu	ぴょ pyo

ケン
sword
〔ソード〕

クロスボウ
crossbow
〔クロスボウ〕

ヤリ
spear
〔スピア〕

アレックス

つりざお
fishing rod
〔フィッシング ラッド〕

クワ
hoe
〔ホウ〕

シャベル
shovel
〔シャヴェル〕

スティーブ

◆表し方が2つ以上ある場合について

　51ページで★がついているローマ字は、他の表し方をすることもあります。

スティーブ

紙 paper
〔ペイパァ〕
アレックス

	この本の表し方	他の表し方		この本の表し方	他の表し方
しゃ	sha	sya	ちゃ	cha	tya
しゅ	shu	syu	ちゅ	chu	tyu
しょ	sho	syo	ちょ	cho	tyo
じゃ	ja	zya	ぢゃ	ja	zya,dya
じゅ	ju	zyu	ぢゅ	ju	zyu,dyu
じょ	jo	zyo	ぢょ	jo	zyo,dyo

◆つまる音・のばす音が入った言葉について

　ローマ字で、つまる音（小さい「っ」がつく）が入った言葉を表す場合は、「っ」の次の音のはじめの文字を2回つづけて書きます。

　　（れい）　しっぽ → shippo

　ローマ字で、のばす音が入った言葉を表す場合は、その文字（a,i,u,e,o）の上に「￣」や「＾」をつけて書きます。

　　（れい）　ろうそく → rōsoku

◆大文字を使う場合について

　ローマ字で人名や地名を表す場合は、さいしょの文字を大文字にします。

　　（れい）　山田 ひろ → Yamada Hiro
　　　　　　　四国 → Shikoku

※20ページまでの大文字の練習ページでは、えいたん語はすべて大文字で表しています。

◆ローマ字とえい語のちがいについて

　ローマ字もえい語もアルファベットを使いますが、ローマ字は日本語（あいうえお）を1文字ずつアルファベットにして表したものなので、えい語とは全くちがう表し方と読み方になります。

　　（れい）

本
book
〔ブック〕

ローマ字 → hon
英語 → book

ローマ字 きゃ行・
しゃ行・ちゃ行

きゃ行・しゃ行・ちゃ行の練習

やったね
シールを
はろう

月　日

点

1 上のだんのうすいローマ字をなぞった後、下
に同じように書きましょう。

30点（1行10点）

ピリジャー
Pillager
〔ピリジャー〕

きゃ	きゅ	きょ
kya	kyu	kyo

しゃ	しゅ	しょ
sha	shu	sho

ちゃ	ちゅ	ちょ
cha	chu	cho

dokusho

読書
reading
〔リーディング〕

kabocha

カボチャ
pumpkin
〔パンプキン〕

2 アレックスが見つけた㋐～㋒の言葉を表すローマ字をタテかヨコからさがして、◯でかこみましょう。 **40点**

<table>
<tr><td>c</td><td>h</td><td>o</td><td>k</td><td>i</td><td>d</td></tr>
<tr><td>d</td><td>e</td><td>n</td><td>s</td><td>h</td><td>e</td></tr>
<tr><td>c</td><td>h</td><td>o</td><td>k</td><td>i</td><td>n</td></tr>
<tr><td>k</td><td>a</td><td>k</td><td>u</td><td>k</td><td>s</td></tr>
<tr><td>k</td><td>y</td><td>a</td><td>k</td><td>u</td><td>h</td></tr>
<tr><td>d</td><td>e</td><td>n</td><td>s</td><td>n</td><td>a</td></tr>
</table>

㋐電車
㋑客
㋒ちょ金

アレックス

3 ____の言葉をローマ字で書きましょう。 **30点(1つ10点)**

①アレイと曲をきく。

アレイ
Allay
〔アレイ〕

②シャベルで土をほる。

シャベル
shovel
〔シャヴェル〕

③茶色のウマ。

ウマ
horse
〔ホース〕

にゃ行・ひゃ行・みゃ行の練習

やったね
シールを
はろう

月　日

点

マグマキューブ
Magma Cube
〔マグマ キューブ〕

1 上のだんのうすいローマ字をなぞった後、下に同じように書きましょう。

30点（1行10点）

にゃ	にゅ	にょ
nya	nyu	nyo

ひゃ	ひゅ	ひょ
hya	hyu	hyo

みゃ	みゅ	みょ
mya	myu	myo

ひゃく
hyaku

コイン
coin
〔コイン〕

さんみゃく
sanmyaku

山みゃく
mountain range
〔マウンテン レインヂ〕

2 下の言葉を表すローマ字が正しいのは、⑦と⑦のどちらですか。

28点（1つ14点）

①百人

⑦ | h | y | a | k | u | n | i | n |

⑦ | h | a | k | u | n | i | n |　　　　（　　　）

②みゃくはく

⑦ | m | y | o | k | u | h | a | k | u |

⑦ | m | y | a | k | u | h | a | k | u |　（　　　）

3 ＿＿の言葉をローマ字で書きましょう。

42点（1つ14点）

①オタマジャクシはさわると
 にゅる にゅるする。
 オタマジャクシ
 tadpole
 〔タドゥポウル〕

②ジャングルににょろ にょろ
 したヘビがいる。
 ヘビ
 snake
 〔スネイク〕

③谷間をひょいととび
 こえる。
 スティーブ

ローマ字 りゃ行
ぎゃ行・じゃ行

りゃ行・ぎゃ行・じゃ行の練習

月 日

点

やったね
シールを
はろう

1 上のだんのうすいローマ字をなぞった後、下に同じように書きましょう。

30点（1行10点）

ファントム
Phantom
〔ファントム〕

りゃ	りゅ	りょ
rya	ryu	ryo

ぎゃ	ぎゅ	ぎょ
gya	gyu	gyo

じゃ	じゅ	じょ
ja	ju	jo

じゃんけん
janken

スティーブ　アレックス

くじゃく
kujaku

クジャク
peacock
〔ピーカク〕

2 左の言葉を表すローマ字を右からさがして、線でむすびましょう。

ま女 •　　　　　　• junjo

じゅんじょ •　　　　• ryakudatsusha

りゃくだつ者 •　　　• doryoku

ど力 •　　　　　　• majo

3 ____の言葉をローマ字で書きましょう。

42点（1つ14点）

① 左右がぎゃくの家。

家
house
〔ハウス〕

② じゃがいもをしゅうかくする。

じゃがいも
potato
〔ポテイトウ〕

③ じゅ木を育てる。

木
wood
〔ウッド〕

ぢゃ行・びゃ行・ぴゃ行の練習

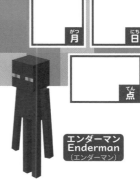

エンダーマン
Enderman
〔エンダーマン〕

やったね
シールを
はろう

1 上のだんのうすいローマ字をなぞった後、下に同じように書きましょう。

30点(1行10点)

ぢゃ	ぢゅ	ぢょ
ja	ju	jo

びゃ	びゅ	びょ
bya	byu	byo

ぴゃ	ぴゅ	ぴょ
pya	pyu	pyo

ゆのみぢゃわん
yunomijawan

湯飲み茶わん
teacup
〔ティーカップ〕

びゅんびゅん
byun byun

リード
lead
〔リード〕

スティーブ

2 □の中にアルファベットを書いて、左の絵の言葉をローマ字にしましょう。

28点（1つ14点）

①三百

| s | a | n | □ | y | □ | k | u |

コイン
coin
［コイン］

②ぴょこん

| p | □ | o | k | o | □ |

ウサギ
rabbit
［ラビト］

3 ＿＿＿の言葉をローマ字で書きましょう。

42点（1つ14点）

①ぬま地でぴょん ぴょん とんでいる。

カエル
frog
［フローグ］

②ぴょこ ぴょこ歩く。

ニワトリ
chicken
［チキン］

③白夜を見た。

太陽
sun
［サン］

ハスク
Husk
［ハスク］

※白夜とは、太陽がしずまない夜のこと。

つまる音の練習

やったね
シールを
はろう

小さい「っ」が入る言葉を表す場合は、ローマ字では「っ」の次の音のはじめの文字を2回つづけて書きます。

しっぽ

shippo

小さい「っ」が入るので、「po」の「p」を2回つづけます。

行商人
Wandering Trader
（ワンダァリング トゥレイダ）

1 うすいローマ字をなぞった後、右に同じように書きましょう。

30点（1つ10点）

① トロッコ

torokko

トロッコ
trolley
（トゥラリ）

② 鉄板

teppan

鉄板
iron plate
（アイアン プレイト）

③ 食き

shokki

ボウル
bowl
（ボウル）

2 左の言葉を表すローマ字を右からさがして、線でむすびましょう。

28点

石けん ・　　　　　　・ nikki

日記 ・　　　　　　・ gakki

楽き ・　　　　　　・ sekken

3 ＿＿の言葉をローマ字で書きましょう。

42点（1つ14点）

①たから物を発見する。

チェスト
chest
〔チェスト〕

②アイテムをさがしに出発する。

スティーブ

③ぴったりとつく。

イルカ
dolphin
〔ダルフィン〕

のばす音と大文字の練習

やったね
シールを
はろう

●ローマ字で、のばす言葉を表す場合は、その文字（a,i,u,e,o）の上に「‾」や「^」をつけて書きます。

ろうそく

rōsoku

し書
librarian
〔ライブラリアン〕

●ローマ字で人名や地名を表す場合は、さいしょの文字を大文字にします。

山田 ひろ

Yamada Hiro

四国

Shikoku

1 うすいローマ字をなぞった後、右に同じように書きましょう。

①ほう石

30点（1つ10点）

hōseki

ダイヤモンド
diamond
〔ダイアモンド〕

②風車

fūsha

風車
windmill
〔ウィンドミル〕

③安田 花

Yasuda Hana

2 下の言葉を表すローマ字が正しいのは、㋐と㋑のどちらですか。

① 動物園

28点（1つ14点）

㋐ | d | ō | b | u | t | s | u | e | n |

㋑ | d | o | b | ū | t | s | u | e | n | （　　　　）

② 青森

㋐ | a | o | m | o | r | i |

㋑ | A | o | m | o | r | i | （　　　　）

スティーブ

3 ＿＿の言葉をローマ字で書きましょう。

42点（1つ14点）

① きゅうりを食べる。

きゅうり
cucumber
［キューカンバァ］

② 牛にゅうを飲む。

アレックス

③ おきなわへ行く。

29 まとめのミニテスト

やったね
シールを
はろう

53〜64ページで学習したローマ字をおさらいしましょう。

1 ☐ の中にアルファベットを書いて、左の絵の言葉をローマ字にしましょう。

20点（1つ10点）

① しゅるい

ウマ
horse
〔ホース〕

s		u	r	u	

② たん生日

ケーキ
cake
〔ケイク〕

t		n		ō	b	i

2 ＿＿の言葉をローマ字で書きましょう。

30点（1つ10点）

① きゅう食を食べる。

きゅう食
school lunch
〔スクール ランチ〕

② 入院する。

入院
hospitalization
〔ホスピタライゼイション〕

③ 村人からもらった
本の表紙。

本
book
〔ブック〕

3 アレックスが見つけた㋐〜㋒の言葉を表すローマ字をタテかヨコからさがして、⬭でかこみましょう。

25点

㋐旅行
㋑真じゅ
㋒病院

アレックス

s	b	n	r	b	s
r	y	o	y	ō	i
b	ō	u	o	i	n
s	i	n	k	n	j
r	n	k	ō	r	o
s	h	i	n	j	u

4 左の言葉を表すローマ字を右からさがして、線でむすびましょう。

25点

発表 •

入学 •

神戸 •

• Kōbe

• happyō

• nyūgaku

30

まとめのテスト1

やったね
シールを
はろう

月 日

点

1 アレックスが、オオカミのいるゴールまで行きます。A〜Zまでのアルファベットをじゅんに通って、線を引きながらゴールまで進みましょう。 ★ななめには進めません。同じ道も通れません。

50 点

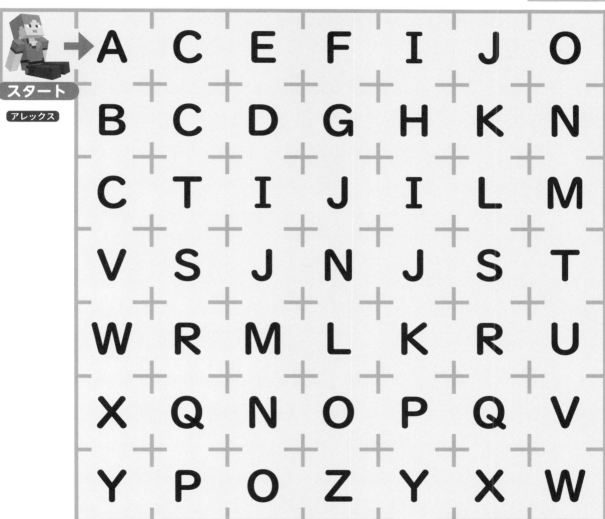

スタート

アレックス

A	C	E	F	I	J	O
B	C	D	G	H	K	N
C	T	I	J	I	L	M
V	S	J	N	J	S	T
W	R	M	L	K	R	U
X	Q	N	O	P	Q	V
Y	P	O	Z	Y	X	W

Z

ゴール

オオカミ
wolf
〔ウルフ〕

パンダ
panda
〔パンダ〕

ニワトリ
chicken
〔チキン〕

ラマ
llama
〔ラマ〕

2 スティーブが、A ～ Z までのアルファベットをじゅんに進んで
ゴールまで行きます。□に1つずつ大文字を書きましょう。

ミツバチ
bee
〔ビー〕

50 点

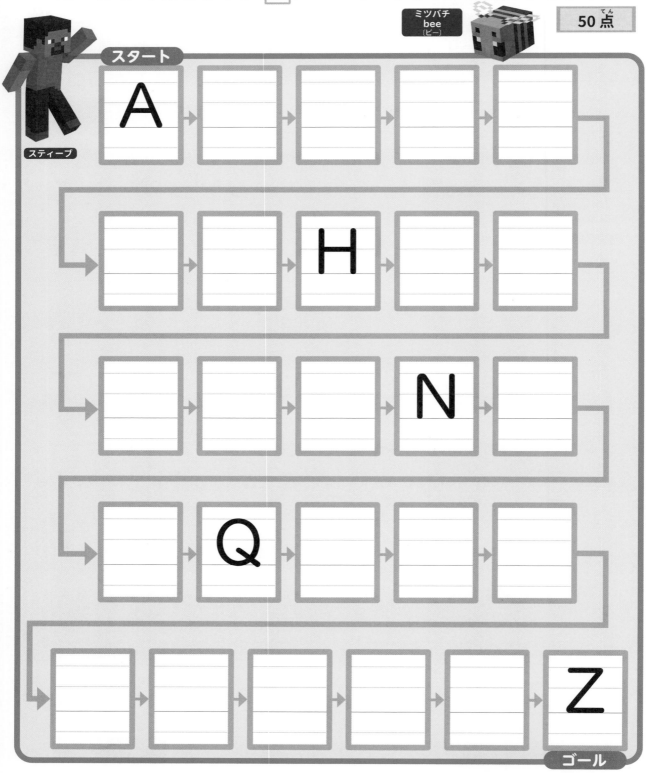

スタート

A

H

N

Q

Z

ゴール

31

まとめのテスト2

月　日

点

1 スティーブが、チェストのあるゴールまで行きます。a～zまでのアルファベットをじゅんに通って、線を引きながらゴールまで進みましょう。★ななめには進めません。同じ道も通れません。

50点

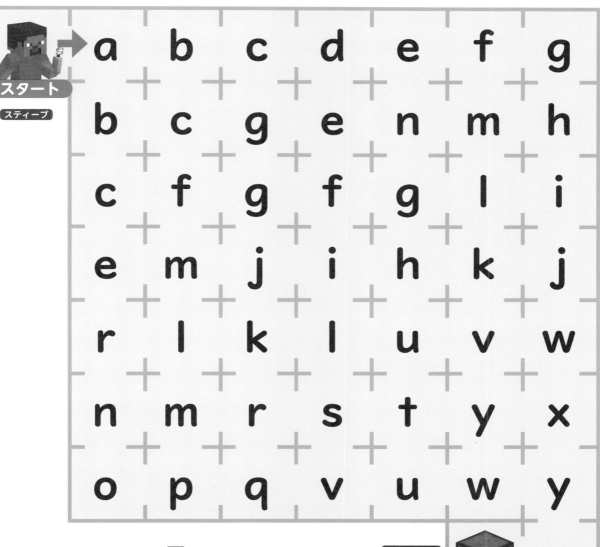

スタート

スティーブ

チェスト
chest
（チェスト）

ゴール

金のインゴット
gold ingot
（ゴウルド インゴト）

ネザークォーツ
Nether Quartz
（ネザ クウォーツ）

エンダーパール
Ender Pearl
（エンダー パール）

２ アレックスが、a〜z までのアルファベットをじゅんに進んで ゴールまで行きます。□に１つずつ小文字を書きましょう。

イルカ
dolphin
〔ダルフィン〕

50点

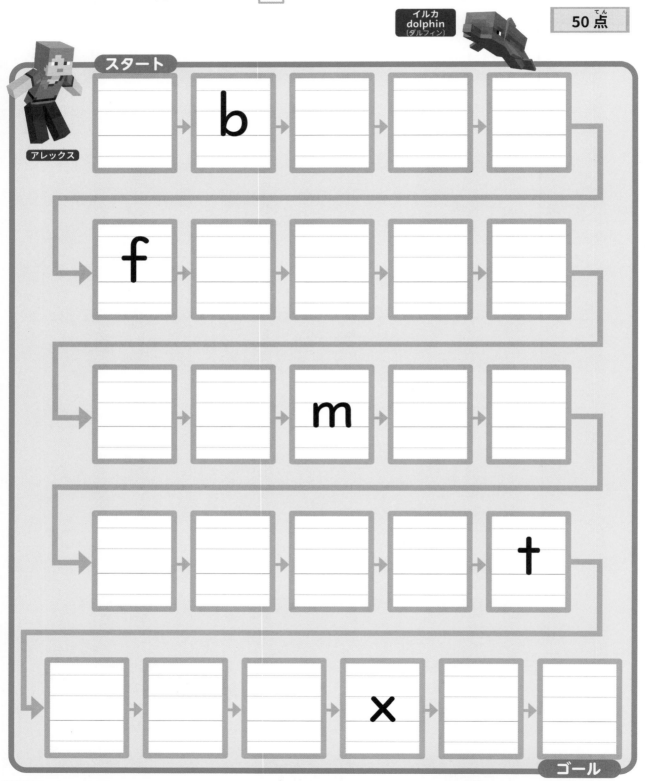

スタート

| | b | | | |

| f | | | | |

| | | m | | |

| | | | | t |

| | | | x | |

ゴール

70

32

まとめのテスト3

やったね
シールを
はろう

月 日

点

1 地図に書かれた大文字と小文字を、正しい組み合わせになるように線でむすびましょう。

20点

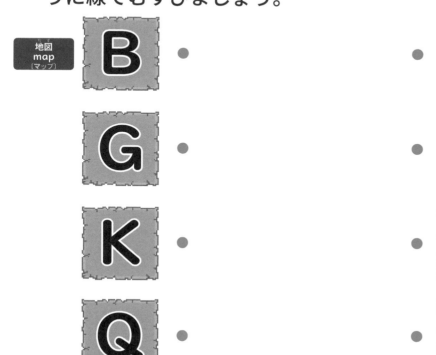

地図
map
〔マップ〕

B・   ・q

G・   ・k

K・   ・b

Q・   ・g

スティーブ

2 下の大文字を小文字にして、□に書きましょう。

40点（1つ10点）

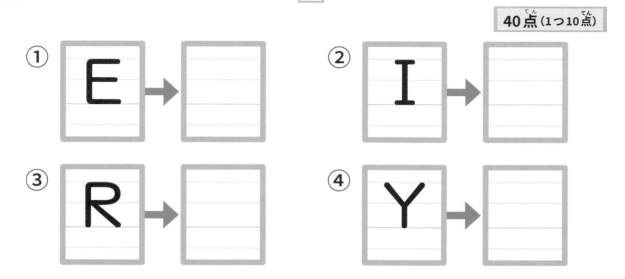

① E →

② I →

③ R →

④ Y →

3 金のリンゴに書かれた大文字と小文字の組み合わせが正しいものを、㋐〜㋕の中から3つえらびましょう。

20点

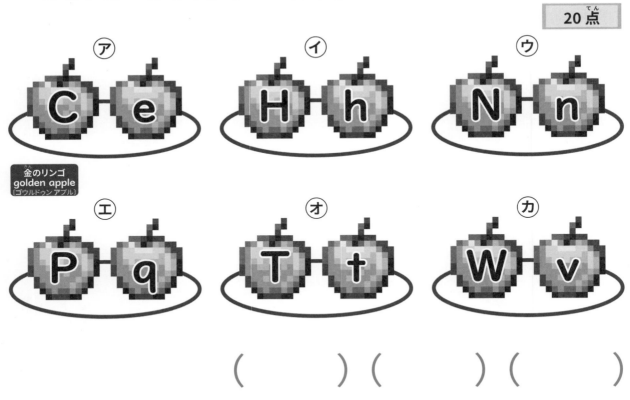

㋐ C e
㋑ H h
㋒ N n
㋓ P q
㋔ T t
㋕ W v

金のリンゴ
golden apple
「ゴウルドゥン アプル」

(　　　　)(　　　　)(　　　　)

4 下の小文字を大文字にして、□□□に書きましょう。

20点(1つ10点)

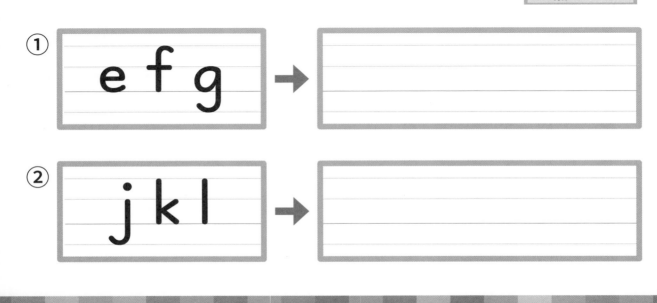

① e f g →

② j k l →

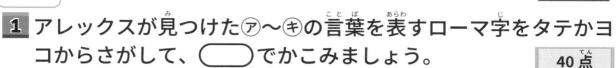

33

まとめのテスト4

やったね
シールを
はろう

月　日

点

1 アレックスが見つけた㋐〜㋖の言葉を表すローマ字をタテかヨコからさがして、◯でかこみましょう。

40点

> ㋐はまぐり　　㋑りぼん　　㋒ラクダ
>
> ㋓アリ　　㋔ラッコ　　㋕カメ　　㋖地図

アレックス

h	a	m	a	g	u	r	k
a	r	e	b	o	c	a	a
r	i	b	o	n	h	k	m
c	h	i	z	a	i	k	e
r	i	b	o	m	z	o	r
h	a	m	a	g	u	r	i
r	a	k	u	d	o	m	b
k	a	r	a	k	u	d	a

2 左の言葉を表すローマ字を右からさがして、線でむすびましょう。

30点

曲線 •　　　• jaguchi

百万 •　　　• hyakuman

じゃ口 •　　　• sekki

じゅ文 •　　　• kyokusen

石き •　　　• jumon

3 ＿＿の言葉をローマ字で書きましょう。

30点（1つ10点）

① 算数を勉強する。

② 先週はアレックスと会った。

③ 北海道に行く計画を立てる。

74

1 A・B・C・Dの練習

A	A A A A A A
B	B B B B B B
C	C C C C C C
D	D D D D D D

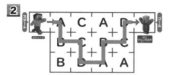

3 ④

ポイント

1 の A の横棒は上から 2 番目の線よりやや下に書きます。B は上と下のバランスを見ながら書きます。C は止めずに一気に書きます。2 は繰り返す回数を確認しながら進みましょう。3 はアルファベットの順が正しいものを選びます。

2 E・F・Gの練習

E	E E E E E E
F	F F F F F F
G	G G G G G G

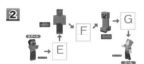

3 ⑦

ポイント

1 の F の下の横棒は少し短く書きます。G は C と似ているので間違えないようにしましょう。2 は矢印の順に、1文字書くたびにモンスターを倒すことを繰り返して進みます。3 はアルファベットの順を3回正しく繰り返しているものを選びます。

3 H・I・J・Kの練習

H	H H H H H H
I	I I I I I I
J	J J J J J J
K	K K K K K K

2 ⑦→⑦→④→④

ポイント

1 の J は止めずに一気に書きます。K の 2 画目は、縦棒の中央に向かって斜めに書き折り返します。2 はアルファベットの順を確認しながら並び替えましょう。3 は 1 列目、2 列目ともに同じ H 〜 K までのアルファベットが入ります。

4 L・M・Nの練習

L	L L L L L L
M	M M M M M M
N	N N N N N N

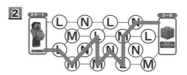

3 2列目　L M N

ポイント

1 の M の 2 画目の V の形は、赤線まで下ろしてから折り返します。2 は L → M → N を 3 回繰り返してゴールまで進みます。3 は正解の列だけを選んで、空いているマスに 1 文字ずつ書きましょう。

5 O・P・Q・Rの練習

O	O O O O O O
P	P P P P P P
Q	Q Q Q Q Q Q
R	R R R R R R

2 ⑦ → ⑦

3
1列目 O P Q R
2列目 O P Q R
3列目 O P Q R

ポイント

1 の O は止めずに一気に書きます。Q は最後の斜めの線を忘れないようにしましょう。2 は左のグループから右のグループへアルファベットの順がつながっているものを 1 つずつ選びます。3 は 1 〜 3 列目に同じ O 〜 R までのアルファベットが入ります。

6 S・T・U・Vの練習

1

2
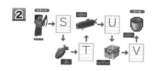

3 ⑦

ポイント

1のSとUは止めずに一気に書きます。**2**は矢印の順に、1文字書くたびに魚を釣ることを繰り返して進みます。**3**はアルファベットの順を2回正しく繰り返しているものを選びましょう。

7 W・X・Y・Zの練習

1
W	W W W W W W
X	X X X X X X
Y	Y Y Y Y Y Y
Z	Z Z Z Z Z Z

2 ⑦→⑨→⑦→⑨

3 3列目 | W | X | Y | Z |

ポイント

1のWの折り返し部分は、Vの形より幅を狭く書きます。折り返しは丸くならないように書きます。**2**はアルファベットの順を確認しながら並び替えましょう。**3**は正解の列だけを選んで、マスの中に1文字ずつ書きましょう。

8 まとめのミニテスト

1

2
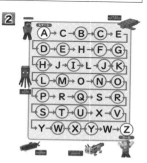

ポイント

1は、A〜Zまでアルファベットの順番を確認しながら、線を引いて進みましょう。**2**は、A〜Zまでアルファベットの順番を確認しながら、正しいものだけに〇をつけて進みましょう。

9 a・b・c・dの練習

1

2 ⑦

3

ポイント

1のaとdは似ているので間違えないようにしましょう。cは止めずに一気に書きます。**2**はアルファベットの順を2回正しく繰り返しているものを選びます。**3**は1列目、2列目ともに同じa〜dまでのアルファベットが入ります。

10 e・f・gの練習

1

2
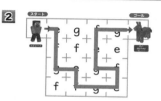

3 1列目 | e | f | g |

ポイント

1のfは上3本、gは下3本の線の中に書きます。**2**は繰り返す回数を確認しながら進みましょう。**3**は正解の列だけを選んで、1文字ずつ書きましょう。

11 h・i・j・kの練習

1

2
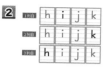

3 ⑦

ポイント

1のiは上の点を忘れないようにしましょう。jの1画目は下3本の線の中に書きます。kの2画目は大文字と位置が違うので、確認しながら書きましょう。**2**は1〜3列目に同じh〜kまでのアルファベットが入ります。**3**はアルファベットの順を2回正しく繰り返しているものを選びましょう。

12 l・m・nの練習

1
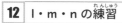

2
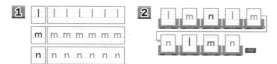

3
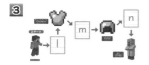

ポイント

1のlは大文字のIと似ているので間違えないようにしましょう。mは山の形が2つ、nは1つです。nとhは似ているので間違えないようにしましょう。**2**はl〜nまでのアルファベットを3回繰り返して書きましょう。**3**は矢印の順に、1文字書くたびに防具を取ることを繰り返して進みます。

13 o・p・q・rの練習

1
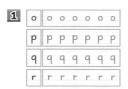

2
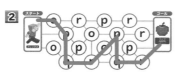

3 ㋓→㋑→㋐→㋒

ポイント

1のoは止めずに一気に書きます。pとqは似ているので間違えないようにしましょう。**2**はo〜rまでのアルファベットを2回繰り返して進みます。**3**はアルファベットの順を確認しながら並び替えましょう。

14 s・t・u・vの練習

1

2
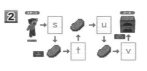

3 ㋓→㋗

ポイント

1のsは止めずに一気に書きます。vの折り返しはuのように丸くならないように書きましょう。**2**は矢印の順に、1文字書くたびに肉を取ることを繰り返して進みます。**3**は左のグループから右のグループへアルファベットの順がつながっているものを1つずつ選びます。

15 w・x・y・zの練習

1

2 ㋑

3

1列目	w	x	y	z
2列目	w	x	y	z
3列目	w	x	y	z

ポイント

1のwの折り返し部分は、vの形より幅を狭く書きます。**2**はアルファベットの順を2回正しく繰り返しているものを選びましょう。**3**は1〜3列目に同じw〜zまでのアルファベットが入ります。

16 まとめのミニテスト

1

2
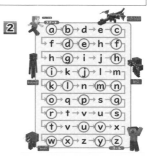

ポイント

1は、a〜zまでアルファベットの順番を確認しながら、線を引いて進みます。**2**は、a〜zまでアルファベットの順番を確認しながら、正しいものだけに〇をつけて進みます。

17 あ行・か行・さ行の練習

1

a	i	u	e	o
a	i	u	e	o
ka	ki	ku	ke	ko
ka	ki	ku	ke	ko
sa	shi	su	se	so
sa	shi	su	se	so

2

kao
ie
sake

3 ① ika　② ueki　③ suika

ポイント

1のローマ字の表記には、ヘボン式と訓令式があり、本書では小学5年生以上の教科書で使用されているヘボン式を採用しています。**2**は1文字ずつ確認しながら、正しいローマ字を選びましょう。**3**で書き方がわからなくなったら、**37**ページの表で確認しましょう。

18 た行・な行・は行の練習

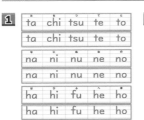

ta	chi	tsu	te	to
ta	chi	tsu	te	to
na	ni	nu	ne	no
na	ni	nu	ne	no
ha	hi	fu	he	ho
ha	hi	fu	he	ho

3 ① hatake　② niku　③ tate

ポイント
2は例のように、縦と横それぞれに隠れているローマ字を1文字ずつ確認しながら、正しいローマ字を選びましょう。**3**で書き方がわからなくなったら、**37**ページの表で確認しましょう。

19 ま行・や行・ら行の練習

ma	mi	mu	me	mo
ma	mi	mu	me	mo
ya		yu		yo
ya		yu		yo
ra	ri	ru	re	ro
ra	ri	ru	re	ro

2
① y u m i y a
② y o r o i

3 ① mame　② ikimono　③ yomichi

ポイント
2は1文字ずつ確認しながら、当てはまる文字を書きます。**3**で書き方がわからなくなったら、**37**ページの表で確認しましょう。

20 わ行・が行・ざ行の練習

wa			o	n
wa			o	n
ga	gi	gu	ge	go
ga	gi	gu	ge	go
za	ji	zu	ze	zo
za	ji	zu	ze	zo

2 ① ㋐
② ㋑

3 ① niwatori　② goji　③ jimen

ポイント
2は、どこが間違いかを1文字ずつ確認しながら、正しいローマ字を選びましょう。**3**で書き方がわからなくなったら、**37**、**38**ページの表で確認しましょう。

21 だ行・ば行・ぱ行の練習

da	ji	zu	de	do
da	ji	zu	de	do
ba	bi	bu	be	bo
ba	bi	bu	be	bo
pa	pi	pu	pe	po
pa	pi	pu	pe	po

2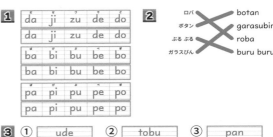

ロバ — roba
ボタン — botan
ぶる ぶる — buru buru
ガラスびん — garasubin

3 ① ude　② tobu　③ pan

ポイント
2は1文字ずつ確認しながら、正しいローマ字を選びましょう。**3**で書き方がわからなくなったら、**37**、**38**ページの表で確認しましょう。

22 まとめのミニテスト

1 ① k i n o k o
② k o m u g i

2 ① aruku　② tsuri　③ yari

3

y	a	g	e	i	h
h	i	r	u	k	i
i	r	u	k	a	t
y	a	g	y	i	s
u	i	r	u	k	u
y	a	g	i	e	j
h	i	t	a	j	i

4

murabito — 寺院
jiin — バケツ
baketsu — 村人

ポイント
1は1文字ずつ確認しながら、当てはまる文字を書きます。**2**で書き方がわからなくなったら、**37**、**38**ページの表で確認しましょう。**3**は縦と横で1文字ずつ確認しながら、正しいローマ字を選びましょう。**4**は1文字ずつ確認しながら、正しいローマ字を選びましょう。

23 きゃ行・しゃ行・ちゃ行の練習

kya	kyu	kyo
kya	kyu	kyo
sha	shu	sho
sha	shu	sho
cha	chu	cho
cha	chu	cho

2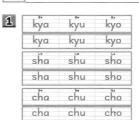

c	h	o	k	i	d
d	e	n	s	h	e
c	h	o	k	i	n
k	a	k	u	k	s
k	y	a	k	u	h
d	e	n	s	n	a

3 ① kyoku　② shaberu　③ chairo

ポイント

2は縦と横で１文字ずつ確認しながら、正しいロー
マ字を選びましょう。なお、文字が重なるところ
が出てきます。**3**で書き方がわからなくなったら、
51ページの表で確認しましょう。

24 にゃ行・ひゃ行・みゃ行の練習

1

nya	nyu	nyo
nya	nyu	nyo
hya	hyu	hyo
hya	hyu	hyo
mya	myu	myo
mya	myu	myo

2 ① ㋐
② ㋑

3 ① nyuru nyuru　② nyoro nyoro　③ hyoi

ポイント

2は、どこが間違いかを１文字ずつ確認しながら、
正しいローマ字を選びましょう。**3**で書き方がわ
からなくなったら、**51**ページの表で確認しましょう。
「nyuru」や「nyoro」は、１つの言葉の固まりとし
て考えましょう。

25 りゃ行・ぎゃ行・じゃ行の練習

1

rya	ryu	ryo
rya	ryu	ryo
gya	gyu	gyo
gya	gyu	gyo
ja	ju	jo
ja	ju	jo

2

3 ① gyaku　② jagaimo　③ jumoku

ポイント

2は１文字ずつ確認しながら、正しいローマ字を
選びましょう。**3**で書き方がわからなくなったら、
51ページの表で確認しましょう。

26 ぢゃ行・びゃ行・ぴゃ行の練習

1

ja	ju	jo
ja	ju	jo
bya	byu	byo
bya	byu	byo
pya	pyu	pyo
pya	pyu	pyo

2 ① s a n b y a k u
② p y o k o n

3 ① pyon pyon　② pyoko pyoko　③ byakuya

ポイント

2は１文字ずつ確認しながら、当てはまる文字を
書きます。「sanbyaku」は「sambyaku」と書く
ことがあります。**3**で書き方がわからなくなった
ら、**51**ページの表で確認しましょう。「pyon」や
「pyoko」は、１つの言葉の固まりとして考えましょ
う。

27 つまる音の練習

1 ① torokko　torokko
② teppan　teppan
③ shokki　shokki

2

3 ① hakken　② shuppatsu　③ pittari

ポイント

1の①はトロッコの「k」、②は鉄板の「p」、③は
食器の「k」を２回続けて書きます。
2は１文字ずつ確認しながら、正しいローマ字を
選びましょう。**3**は、どの文字を２回続けて書く
かを考えて書きましょう。

28 のばす音と大文字の練習

1 ① hōseki　hōseki
② fūsha　fūsha
③ Yasuda Hana Yasuda Hana

2 ① ㋐　② ㋑

3 ① kyūri　② gyūnyū　③ Okinawa

ポイント

1の①と②は、どの文字の上に「￣」が付いている
かを確認しながら書きます。③は、名前の姓と名
の頭文字を大文字にして書きましょう。**2**の①は、
「￣」のあるところを確認し、②は、大文字になって
いるかを確認して、正しいローマ字を選びましょう。
3の①と②は、どの文字の上に「￣」を付けるかを
考え、③は頭文字を大文字にすることを忘れずに書
きましょう。

29 まとめのミニテスト

1 ①  s h u r u i
　　② t a n j ō b i

2 ① kyūshoku　② nyūin　③ hyōshi

3

s	b	n	r	b	s
r	y	o	y	ō	i
b	ō	u	o	i	n
s	i	n	k	n	j
r	n	k	ō	r	o
s	h	i	n	j	u

4
発表 ── Kōbe
入学 ── happyō
神戸 ── nyūgaku

ポイント

1 は1文字ずつ確認しながら、当てはまる文字を書きます。 **2** は、どの文字の上に「￣」を付けるかを考えて書きましょう。 **3** は縦と横で1文字ずつ確認しながら、正しいローマ字を選びましょう。また、文字の上に付いている「￣」にも注意しましょう。 **4** は1文字ずつ確認しながら、正しいローマ字を選びましょう。

30 まとめのテスト1

1 　**2**

ポイント

1 は、A〜Zまでアルファベットの順番を確認しながら、線を引いて進みます。 **2** は、A〜Zまでアルファベットの順番を確認しながら、当てはまる大文字を書きましょう。

31 まとめのテスト2

1 　**2**

ポイント

1 は、a〜zまでアルファベットの順番を確認しながら、線を引いて進みます。 **2** は、a〜zまでアルファベットの順番を確認しながら、当てはまる小文字を書きましょう。

32 まとめのテスト3

1

2 ① e　② i　③ r　④ y

3 イ　ウ　オ

4 E F G 　 J K L

ポイント

1 は大文字と小文字がセットになるように、線で結びます。 **2** は小文字の形に注意して書きましょう。 **3** は大文字と小文字の形が似ているものがあるので確認して、ペアのものだけを見つけましょう。 **4** は大文字の形に注意して書きましょう。

33 まとめのテスト4

1 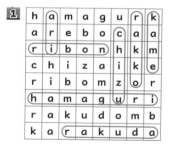　**2**
　油絵 ── jaguchi
　蛇口 ── hyakuman
　じゃ口 ── sekki
　じゅ文 ── kyokusen
　石き ── jumon

3 ① sansū　② senshū　③ Hokkaidō

ポイント

1 は縦と横で1文字ずつ確認しながら、正しいローマ字を選びましょう。なお、文字が重なるところがあります。 **2** は1文字ずつ確認しながら、正しいローマ字を選びましょう。 **3** は、どの文字の上に「￣」を付けるかを考え、さらに③は頭文字を大文字にすることを忘れずに書きましょう。